★ **관련 교과**
과학 6학년 우리 몸의 구조와 기능

작가의 말

안녕, 나는 다판다야. 탐정이면서 만물 트럭 주인이기도 하지. 주로 하는 일은? 음…… 햄버거 먹기, 단서 찾기 그리고 또 햄버거 먹기! 내 조수는 레서판다 레니인데, 흥분하면 자꾸 나보고 "닭판다!"라고 외쳐 댄다니까. 닭은 안 팔아, 만물만 팔지.

이번엔 뭐랄까, 아주아주 요상한 서커스 사건이었어. 공주님 귀걸이가 사르르 사라지질 않나, 갑자기 정체불명의 목소리가 등장해서 폭죽으로 협박하지 않나, 급기야 공주님이 아예 통째로 사라져 버렸지 뭐야. 덤으로 이상한 형사랑 가짜 원숭이랑 마술사랑……. 으으, 정신없어!

근데 말이지, 이 다판다가 누구냐! 후각, 촉각, 시각까지 우리 몸의 감각을 총동원해서 사건을 샤샤 해결했지. 코끝에 밴 냄새 하나로 거짓을 꿰뚫고, 털이 타는 냄새로 변장을 밝혀냈지. 게다가 눈의 착시를 이용한 마술까지! '몸이 하는 말'을 귀 기울여 들으면, 진실은 바로 앞에 있다고!

 하지만 사실 제일 놀란 건 따로 있었어. 내가 사랑하는 판다 아이아이가 예전에 이 서커스를 다녀갔다는 거! 내가 그렇게 애타게 찾던 그 이름! 반달 단장의 말 한마디에 심장이 두근두근 뛰었지. 그래서 또 떠나기로 했어. 레니랑 우리 만물 트럭이랑 다시 길 위로!

 사건이 있는 곳엔 언제나 내가 가지! 나는 탐정 본능도, 햄버거 사랑도 멈출 수 없거든. 자, 다들 만물 트럭에 올라탔어? 그럼, 시동 걸게! 부르르릉~ 사건이 있는 곳에~ 다판다 만물 트럭이 간다! 쌩-!

작가 서지원

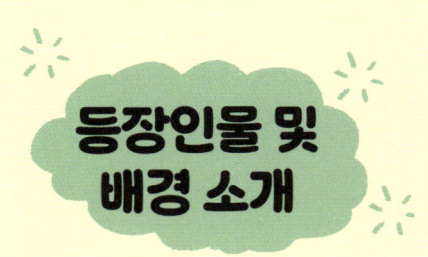
등장인물 및 배경 소개

다판다
먹는 게 일이자 취미인 통통 탐정! 느긋해 보여도 속은 번뜩이는 천재 추리꾼, 사랑 찾아 삼만 리.

레니
엉뚱한 말썽꾸러기 조수, 흥분하면 다판다를 '닭판다'라 부른다! 부모님을 찾기 위한 추리 본능은 이미 탐정급!

셜롯 형사
침 툭툭 뱉는 요란한 알파카. 실수는 많지만 정의감 하나는 확실해.

☀︎ 엘리자베스 공주

드레스 휘날리는 새침 고양이. 서커스 마니아! 신분을 버리고 사랑을 택한 여주인공.

☀︎ 쇼어 마술사

사랑을 위해 마술도 현실로 만드는 재규어.

☀︎ 알록 & 달록

쌍둥이 공중곡예사 기니피그 남매. 오빠는 알록, 동생은 달록!

☀︎ 피에로

풍선처럼 가볍고 표정처럼 익살맞지만, 눈물 많은 코미디언.

1. 보름달 서커스단 ··· 10
2. 수상한 피에로 ··· 15
   - 다판다 탐정의 과학 퀴즈 / 26
3. 사라진 목걸이 ··· 28
   - 다판다 탐정의 과학 퀴즈 / 54

감각 기관을 이용해서 범인을 잡는다!

보름달 서커스

4 서커스단의 도둑을 잡아라! ··· 56
5 마법 옷장의 비밀 ··· 86

★ 다판다 탐정의 과학 교실 / 111

1
보름달 서커스단

"방금 19개국 61개 도시 순회공연을 마치고 돌아온 세계 최고! 전설의! 보!름!달! 서커스단이 마을에 떴습니다 아아~!"

스피커에서 요란한 목소리가 터져 나왔어.

말발굽 소리 쿵쾅! 풍선 터지는 소리 펑! 마차 위에서는 광대들이 두 발로 재주를 넘으며 물풍선을 퐁퐁 던졌지.

"이것 좀 봐요, 다판다!"

레니는 입을 떡 벌린 채 전단지를 들고 달려왔어. 다판다는 만물 트럭 앞에 앉아 꾸벅꾸벅 졸고 있었어. 입에서는 "햄버거…… 세 개…… 케첩 많이……"라는 잠꼬대가 흘러나왔지.

"이게 뭐냐?"

"서커스 전단지예요, 서커스!"

레니가 가져온 전단지 속 장면은 화려했어.

모자 속으로 쏙 들어갔다가 갑자기 비둘기가 되어 날아오르는 마술, 공중에서 3회전 반을 도는 곡예사까지!

"탐정이라면 새로운 경험을 쌓아야 하잖아요. 사건 해결력도 키우고! 현장 감각도 기르고! 집중력 테스트까지! 저는 절대, 절대 서커스가 보고 싶은 건 아니에요! 정말이에요. 진짜예요! 에헤헤."

레니는 이렇게 말했지만 눈에서는 불꽃이 타올랐지.

하지만 다판다가 관심 없는 표정을 짓자 곧 입꼬리가 쭉 내려갔어.

그때 바람이 슝, 하고 불어오더니 전단지마저 멀리 날아가 버렸지. 레니는 금방이라도 흐에엥, 울 것 같은 표정으로 다판다를 쳐다봤어.

다판다는 결국 한숨을 푹 내쉬었지.

"좋아, 좋아. 한 번쯤 보는 것도 나쁘지 않겠지. 만물 트럭의 재고도 좀 털고…… 햄버거는 무한리필로 챙겨 가야지."

"야호! 역시 다판다 탐정님!"

레니는 두 팔을 번쩍 들며 펄쩍 뛰었고, 다판다는 혼잣말로 중얼거렸어.

"서커스단에서 뭔가 수상한 냄새가 날 것 같은데? 아니, 이건 내 도시락 냄새인가?"

다판다는 킁킁거리며 자기 배를 툭툭 쳤지.

하지만 이때까지만 해도 아무도 몰랐어. 이 화려한 서커스 무대 뒤에서 얼마나 커다란 사건이 기다리고 있을지 말이야.

2 수상한 피에로

"자자, 이쪽입니다, 이쪽! 축하드립니다, 1등으로 도착하셨군요! 가장 좋은 자리로 모시죠!"

중절모를 눌러쓰고, 수염이 텁수룩한 반달곰이 채찍을 휙휙 돌리며 다가왔어. 목에는 붉은 보석이 반짝였고, 귀에는 작은 벨이 달려 있었지. 걸을 때마다 딸랑딸랑 소리가 났어.

"레니, 귀에 벨을 단 반달곰은 처음 본다."

다판다가 눈을 가늘게 뜨며 중얼거렸지.

반달곰은 으쓱 웃으며 명함을 내밀었어. 반짝이는 은박지에 '보름달 서커스단 단장, 반달'이라고 적혀 있었지. 손글씨로 '연기 전문, 50년 짬'이라는 메모도 붙어 있었어.

"우와, 단장이라면 엄청 높은 거죠? 저, 소원 하나만 들어주시면 안 되나요?"

레니는 눈을 반짝이며, 손가락을 꼬물꼬물 비볐어.

"흐음, 소원이 뭔가요?"

반달 단장은 벨을 딸랑 흔들며 코를 킁킁거렸어.

"연습 장면을 구경시켜 주세요!"

"레니!"

다판다가 얼굴을 찌푸렸지만, 레니는 이미 단장의 팔을 끌고 있었지.

반달은 당황한 듯 한동안 말이 없었어. 그러더니 "쉿! 다른 사람들에게는 비밀입니다." 하고 손가락을 입술에

갖다 댔지.

레니가 앞장서자 다판다도 어쩔 수 없다는 듯 터벅터벅 따라갔어.

무대 뒤에서는 기니피그 쌍둥이 알록과 달록이 공중그네 연습 중이었어. 알록은 보라색 옷, 달록은 파란색 옷을 입고 있었지. 모두 통통한 볼살에 주근깨가 있었고, 튀어나온 앞니로 "히잇!" 하고 웃곤 했어.

알록이 훌쩍 날아오르자 달록이 그네 끝에서 팔을 쭉 뻗었어.

"헉, 저러다 떨어지면 어쩌죠?"

레니는 주먹을 꽉 쥐고 콩콩거리며 소리쳤어.

"걱정하지 마세요. 저 둘은 아장아장 걷기 전부터 공중에 떠 있었거든요. 둘이 줄 없이 나무 위에서 자랐다니까요."

반달 단장이 자랑스럽게 말했지.

"마술사 쇼어는요? 혹시 지금 비둘기랑 숨바꼭질 중

인가요?"

"지금쯤 분장하러 갔을 거예요. 무대 의상 갈아입는 시간이라 곧 나올 겁니다."

반달이 손목시계를 탁 치며 말했어.

"그럼 아쉽지만 일단 객석으로 가야겠네요!"

레니가 아쉬운 듯 발끝으로 세 번 툭툭 바닥을 찼어.

다판다와 레니가 자리에 앉자, 객석은 이미 북적북적

붐비고 있었어.

"탐정님, 갑자기 관객이 엄청 늘었어요!"

레니가 두 눈을 동그랗게 뜨며 속삭였지.

"다들 눈에 불 켜고 좋은 자리를 고르나 보군?"

다판다는 대나무 햄버거를 와구와구 씹으며 대꾸했어.

그때 레니의 눈에 반짝이는 황금색 의자가 들어왔어. 초록색 의자들 사이에서 유난히 눈에 띄었지.

"근데 저 자리는 왜 저렇게 번쩍거려요?"
레니가 고개를 갸웃거렸어.
"특급 손님 자리겠지. VIP 중의 VIP."
다판다가 햄버거 포장지를 털며 말했어.
"탐정님, 이러다 햄버거를 100개도 넘게 먹겠어요."
"그 정도 갖고 뭘!"

다판다는 탄산음료를 꿀꺽 들이킨 뒤, "끄으읍~ 완벽한 마무리!"라며 호쾌하게 트림했어.

그때 무대 쪽에서 살랑살랑 드레스를 흔들며 누군가 걸어왔지. 반짝이는 바닷빛 에메랄드 목걸이, 바닥까지 닿는 벨벳 드레스, 머리에는 깃털 장식까지 얹은 고양이 부인이었어.

VIP 황금색 의자에 앉은 고양이 부인은 우아하게 장갑을 벗고, 금테 망원경을 꺼내 무대를 바라봤어.

"엇, 저 얼굴을 어디서 봤는데?"

다판다는 턱을 긁적이며 주머니를 뒤졌어.

양말, 돋보기, 비상 대나무 쿠키, 포테이토 칩, 납작한 햄버거까지 마구 튀어나왔고, 마지막에는 구겨진 신문 한 장이 딸려 나왔지.

"아하!"

신문을 본 다판다는 무릎을 탁 쳤어.

"스웨덴의 공주, 엘리엘리 엘리자베스! 맞아!"

"스웨덴 공주라고요?"

레니의 눈이 휘둥그레졌지.

"엘리자베스 공주는 서커스 공연을 엄청나게 좋아한대. 특히 공중곡예사 알록과 달록의 팬이래."

"아까 하늘을 날던 기니피그 쌍둥이들 말이에요?"

그때 무대 한가운데로 반달 단장이 등장했지.

"이 자리를 찾아 주신 신사 숙녀 여러분께 감사를! 오늘도 보름달 서커스의 진수를 보여 드리겠습니다!"

곧 피에로가 등장했어. 동그랗고 빨간 코에, 옷에 주렁주렁 달린 방울이 달랑달랑.

피에로는 사탕 바구니를 들고 동물 관객들 사이를 휙휙 누비며 외쳤지.

"사탕 받으세요~ 웃어야 드립니다~!"

관객들이 우르르 손을 들었어.

"저요! 저요!"

레니도 목청이 터져라 외쳤지만 피에로는 모른 척 엘

리자베스 공주 쪽으로 다가갔어.

"사탕 아니면 장미꽃?"

피에로가 손을 휙 돌리자, 사탕은 어느새 붉은 장미로 바뀌었지.

관객들은 '와아!' 하고 탄성을 질렀지만, 공주는 망원경을 든 채 무대만 바라봤어.

"흥, 그렇다면 기념품이라도 챙겨야겠네요."

피에로는 장난기 가득한 말투로 공주의 귀에 손을 살짝 뻗었어. 찰나의 순간, 반짝이던 귀걸이는 흔적도 없이 사라졌지.

관객들은 깜짝 놀라서 소리를 질렀지만 공주는 아무것도 모르는 눈치였어. 레니의 눈빛은 번뜩였어.

'지금 귀걸이를 훔친 거 아냐?'

레니는 다판다를 툭툭 쳤지.

"탐정님, 뭔가 수상해요! 귀걸이가……"

"레니, 졸싹대지 마. 저건 눈속임일 뿐이야."

"그걸 어떻게 아세요?"

다판다가 말을 꺼내려는 순간, 무대 위에서 다시 북소리가 울렸어.

Q 다판다는 귀걸이가 사라지는 걸 보고 어떻게 눈속임이라고 알아챘을까?

공주의 귀걸이는 사라진 게 아니지.

그럼, 도대체 귀걸이는 왜 안 보였어요?

착시 때문이지. 거울은 빛을 반사해서 우리 눈을 속이거든.

착시라고요? 거울이 안 보였는걸요?

눈보다 더 속이기 쉬운 게 뇌야.

바닥에 무늬가 있지? 그 위에 거울을 비스듬히 세워 둔 거야. 그러면 거울이 바닥을 비춰서 바닥처럼 보이지.

윽, 갑자기 마술이 재미가 없어지네요.

착시 마술은 뇌의 착각을 이용하는 거야. 피에로는 바닥 무늬를 그대로 비추는 거울을 비스듬히 세워 두었지. 공주는 거울 뒤에 서 있었고 피에로가 공주의 귀를 슬쩍 가리는 순간, 귀걸이는 거울에 가려져 관객의 눈에 안 보이게 된 거야. 귀걸이는 그대로였지만 거울의 각도와 반사 때문에 사라진 것처럼 착각한 거지. 이걸 '거울 착시 마술'이라고 해.

★ 착시는 왜 일어날까?

뇌는 눈으로 본 것을 이해할 때, 주변 상황이나 경험했던 기억의 영향을 받는다. 아래의 그림이 다르게 보이는 것은 뇌가 착각을 일으키기 때문이다.

가로선이 휘어진 곡선처럼 보이지만, 실제로는 모두 평행한 직선이다.

움직이는 것처럼 보이지만, 실제로는 멈춰 있는 그림이다.

３
사라진 목걸이

"100년 전통의 환상적인 예술 서커스! 손에 땀을 쥐게 할 아슬아슬한 알록달록의 곡예! 지금 시작합니다!"

반달 단장이 한껏 허리를 꺾으며 외치자, 무대 조명이 반짝 켜졌고 북소리가 둥둥둥 울렸어.

그 순간, 공주의 눈동자에도 반짝 별이 떠올랐지.

무대 위의 그네를 타고 알록과 달록이 등장했어.

"이제~ 날아간다~ 휘익!"

알록이 튀어나온 앞니로 "히잇!" 하고 웃으며 그네를 박차고 날아올랐어. 그 순간!

"어어어, 놓쳤다!"

관객석에서 외마디 비명이 터졌어.

하지만 달록이 짧은 팔로 알록을 번쩍 들어올렸지!

"우와아아!"

누가 먼저랄 것도 없이 감탄이 터졌어.

"이번엔 2회전 돌기 나갑니다! 빙글, 빙글~"

두 마리 기니피그는 고슴도치처럼 몸을 오므리더니, 슝슝 공중을 돌았어.

레니는 손에 땀이 나고, 숨도 못 쉴 지경이었지.

곡예가 끝나자 무대가 어두워지고, 조명이 가운데로 모였어. 스르르, 장막이 열리며 잘생긴 재규어 마술사 쇼어가 나타났지.

쇼어는 번쩍이는 망토를 휘날리며 한쪽 눈썹을 살짝 들어 올리는 자세로 인사했어.

"와, 저분은 팬클럽까지 있는 마술사래요."

레니는 입을 헤 벌리고 감탄했어.

"이중 바닥, 숨겨진 지퍼, 손기술…… 흐흥, 안 봐도 뻔하지 뭐."

다판다는 콧소리를 흘리며 햄버거 포장을 뜯었지.

마술사가 모자를 하늘로 휙 던졌다가, 툭 떨어진 모자를 한 관객 머리에 착 씌웠어.

"엇? 뭐지?"

그 순간 모자 속에서 푸드덕! 비둘기 두 마리가 튀어나왔어.

"와아아아!"

레니가 손뼉을 치며 눈을 반짝였지. 하지만 다판다는 콧김만 살짝 내뿜었어.

"놀랄 거 없다. 저 모자는 이중 바닥이 있는 거야. 그 속에 비둘기를 넣어두고서 아무것도 없는 것처럼 보이게 만들었다가 바닥의 지퍼를 열어 주는 거지. 그러면 모자 속에 웅크리고 있던 비둘기가 튀어나오는 거라고. 다 눈속임이지."

레니는 입을 삐죽 내밀었어.

"흥, 탐정님은 너무 현실적이에요. 꿈도 없고 심드렁해요!"

"그야 추리는 감탄보다 관찰이 먼저니까."

다판다는 다시 햄버거를 한 입 베어 물었어.

"다음은 동물을 감쪽같이 사라지게 만드는 마술입니다! 누구든 좋아요! 무대에서 사라져 보고 싶은 분, 손!"

반달 단장의 외침에 관객들이 너도나도 손을 번쩍 들었어.

"저요! 저요!"

"나도요!"

무대가 떠나갈 듯 왁자지껄했지.

그런데 마술사 쇼어는 수많은 관객 사이를 뚫고, 황금색 의자 쪽으로 뚜벅뚜벅 다가갔어.

"탐정님!"

"아니, 그냥 말한 거야. 너무 놀라지 말라고."

그 순간,

탁! 불이 꺼졌고, 팍! 다시 불이 들어왔을 때 공주는 그대로 서 있었어! 멀쩡하게, 아주 무뚝뚝한 표정으로!

관객들은 어안이 벙벙했지.

공주가 어깨를 으쓱하며 무대에서 내려갔어. 그런데 목을 더듬던 공주가 비명을 질렀어.

"으아아악! 내 목걸이! 내 에메랄드 목걸이가 사라졌어요!"

순식간에 공연장이 찬물을 뒤집어쓴 듯 조용해졌어.

바로 그때, 객석 어디선가 누군가 침 뱉는 소리가 들리지 뭐야.

퉤, 퉤, 퉤.

입에서 침을 팍팍 튀기며 누군가 나타났지.

"누구 목걸이가 사라졌다고요? 3초 만에 출동 완료!"

눈은 번쩍, 목도리도 번쩍, 목소리는 더 번쩍!

"셜롯 형사, 등장입니다! 오늘따라 서커스가 끌리더니, 역시나 제가 필요했군요. 명탐정 셜록과는 아무런 관련 없는, 하지만 제가 훨씬 요란하다는 소문은 있지요!"

레니는 작게 속삭였어.

"엄청나게 시끄러운 형사님이네요."

셜롯 형사는 무대 위로 성큼 올라서더니 연극배우처럼 손바닥을 휘휘 저으며 말했어.

"공주님, 목걸이를 도둑맞은 거 맞나요?"

"그럼요! 그 목걸이는 절대 아무나 만져서는 안 되는 보물이란 말이에요!"

엘리자베스 공주는 목을 감싸며 흥분했지.

셜롯은 고개를 끄덕이며 손을 번쩍 들었어.

"좋습니다! 이제 단서만 있다면 범인을 찾아내는 건 시간 문제!"

그러더니 공연 중이던 단원들을 향해 소리쳤어.

"지금 당장! 누가 공주님의 목걸이를 훔쳤는지 손!"

다판다가 황당한 표정을 지었어.

"아니, 그렇게 물어보면 '네, 접니다~' 하고 손드는 도둑이 있나?"

그러거나 말거나 셜롯 형사는 무대 한가운데로 성큼성큼 나서며 외쳤어.

"이 안에 범인이 있습니다! 자, 여러분. 지금부터 하나씩 묻겠습니다. 정직하게 대답하세요!"

공연을 마치고 대기 중이던 다섯 명의 단원들이 서로를 힐끔거리더니, 하나씩 입을 열었지.

알록이 제일 먼저 소심하게 손을 들었어.

"저기…… 여기서 한 명이 거짓말을 하고 있어요. 그게 다예요. 전 아무 말도 안 할래요."

그 말을 들은 달록이 팔짱을 낀 채 고개를 절레절레 흔들었어.

"에이, 그보다 많아. 두 명은 거짓말하고 있다고."

피에로는 갑자기 휘파람을 불며 무대를 한 바퀴 돌더니, 번쩍 손을 들었어.

"셋! 세 명이지! 딱 봐도 이 중에 세 명은 수상해~ 호호호! 나는 아님!"

마술사는 한 손으로 지팡이를 돌리며 낮고 묵직한 목소리로 중얼거렸어.

"내 눈에는…… 그래, 네 명이 거짓말 중이지. 넷. 정확히 넷."

마지막으로 단장이 코끝을 문질렀어.

"훗, 이 녀석들이 다 거짓말을 하고 있어. 내가 누구보다 잘 알지. 거짓말은 입꼬리에서부터 티가 나거든."

단장은 평소에도 모든 단원의 속을 꿰뚫고 있다는 듯 말하곤 했어.

"무슨 소리예요? 범인이 있다는 거예요, 없다는 거예요? 퉤퉤퉤. 죄송합니다, 스트레스를 받으면 침이 앞서 나가서요!"

셜롯 형사는 콧김을 뿜으며 외쳤어.

그때 서커스단의 마부이자 은퇴한 사냥개 필리 씨가 다판다의 옷깃을 슬쩍 잡았어.

"저기, 내가 도망치는 범인을 본 것 같은데……"

"어머머, 그게 정말입니까? 자세히 좀 얘기해 봐요!"

셜롯 형사가 번개같이 끼어들었어.

"나는 마술 공연이 한창이던 때에 화장실에 있었소. 요즘 변비가 심해서 한번 변기에 눌러앉으면 좀처럼 일

어날 수가 없거든요. 화장실 냄새가 고약해서 코가 아플 지경이었지. 내가 화장실에서 막 나오는 찰나 누군가 부랴부랴 뛰어 도망치는 걸 보았소."

"흠, 생김새는 어땠나요? 털 길이나 귀 모양은요?"

셜롯 형사가 수첩에 메모하며 물었어.

"눈이 나빠서 얼굴은 보지 못했소. 게다가 요즘 감기가 심하게 걸려서 코가 바짝 말라 있거든. 그래도, 냄새는 확실히 기억나는 듯하오."

"오오오, 냄새라니, 무슨 특이한 냄새가 났나요?"

셜롯 형사는 당장이라도 숨이 넘어갈 것처럼 급하게 물었어.

"저기 저 친구에게 나는 고소한 버터 냄새랑 똑같은 냄새가 났소."

필리 씨의 손가락은 알록을 가리켰어.

"퉤퉤퉤! 결정적 증거가 나왔군요!"

셜롯 형사는 수갑을 꺼내 알록에게 채웠지.

"잠깐만요!"

알록은 눈망울을 흔들며 외쳤어.

"전 무대 뒤에 있었어요. 혼자 공연 준비를 하느라 주변에 아무도 없었지만, 정말이에요!"

"그럼 증인이 없다는 말이네. 퉤퉤."

셜롯이 고개를 저었고, 피에로가 팔짱을 끼며 비웃었어.

"필리 씨 후각은 국가대표급이야. 게다가 알록 저 녀석은 예전부터 손버릇이 안 좋았지. 내 간식을 훔쳐 먹고도 한 번도 제대로 뚜껑을 닫은 적이 없다고."

"그건 진짜 제가 안 먹었어요!"

알록은 억울한 표정으로 눈망울을 글썽였어.

그때 다판다가 손을 번쩍 들었지.

"제가 한 말씀 드려도 될까요?"

셜롯이 눈을 찌푸리며 물었어.

"당신은 누구죠? 단원은 아니고⋯⋯ 팬이신가?"

"전 다판다입니다."

"닭판다요? 닭을 팔아요?"

"닭은 안 팝니다. 만물 트럭을 타고 다니며 만물을 팝니다."

"하, 농담도 하시네."

셜롯은 다판다를 이리저리 훑어보며 킁킁거렸고, 반달 단장이 중얼거리듯 말했어.

"흥, 판다라고 특별할 건 없지. 멸종 위기였던 게 괜히 그런 게 아니지 않소?"

"맞아. 판다가 대단했으면 대나무만 먹진 않았겠지."

피에로도 혀를 끌끌 찼어.

하지만 다판다는 아랑곳하지 않았지.

"냄새만으로는 알록을 범인이라고 몰 순 없어요."

"개가 냄새를 잘 맡는다는 건 상식인데요? 인간의 후각 세포는 500만 개지만, 개는 무려 3억 개! 이것도 모르고 탐정이라고요?"

콧바람을 씩, 뿜은 피에로는 셔츠 자락을 털어 올렸지.

"맞는 말이기는 하죠."

다판다가 느긋하게 대꾸했어.

"특히 얼굴 주름이 많은 사냥개는 냄새를 주름에 '저장'할 수도 있다죠? 필리 씨는 사냥개 출신이고요."

"그런데 왜 필리 씨의 말을 안 믿는 거예요?"

셜롯 형사가 한껏 흥분해서 물었지.

다판다는 코끝에 손가락을 대고 웃었어.

"그건 이따가 증거로 보여 드리고, 우선 하나만 물을게요."

다판다는 사냥개 필리 씨를 향해 고개를 돌렸어.

"도망치던 범인, 무슨 색 옷이었나요?"

"보라색!"

필리 씨는 단호하게 대답했어.

순간, 서커스 무대에 웅성거림이 퍼졌어.

"보라색? 그건 알록이잖아!"

"범인은 알록! 사건 종결!"

셜롯 형사는 알록을 끌고 가려고 했지만, 다판다는 막아서며 코웃음을 쳤어.

"아니요. 범인은 바로 당신입니다."

다판다의 뭉툭한 손가락이 피에로를 가리켰지.

"내, 내가?"

피에로가 가당치도 않다는 듯 코를 씰룩였어.

"아니, 판다 씨. 나야말로 선량한 개그맨이에요. 게다가 난 흰옷이잖아요!"

다판다는 주머니에서 뭔가를 뒤적이다가 향로를 꺼내 불을 붙였어. 희뿌연 연기가 피어올랐지.

"콜록, 콜록, 이게 대체 뭐죠?"

"진실한 분위기를 만들려면 향을 피우는 게 더 좋을 것 같아서요. 사고 싶은 분은 다판다 만물 트럭으로 오세요."

"윽, 당장 꺼요! 콜록, 콜록! 대체 내가 왜 범인이라는 겁니까?"

피에로가 팔을 휘저으며 소리쳤지.

다판다가 저벅저벅 화장실 복도 쪽으로 걸어가더니 전등을 살펴보았어.

전등 안에는 은은한 보랏빛 전구가 끼워져 있었어.

"이게 바로 결정적인 증거입니다."

다판다가 전구를 가리키며 말했지.

"흰색 옷도 이 아래에 서면 보라색으로 보이죠. 알록에게 누명 씌우기에는 딱 좋은 조명이죠."

공주, 셜롯, 레니는 동시에 입을 쩍 벌렸어.

"우와!"

"대박!"

"진짜 범인은?"

"알록에게 누명을 씌우려고 일부러 흰색 옷을 입은 피에로!"

다판다가 마침내 단호하게 외쳤어.

피에로는 땀을 삐질삐질 흘리며 뒷걸음질치다가, 갑자기 확 알록을 밀치고, 불을 탁 꺼버렸어!

순간, 무대 위가 깜깜해지면서 칠흑 같은 어둠이 순식간에 퍼졌지.

"불 켜, 불 켜!"

셜롯 형사가 발을 쿵쿵 구르며 외쳤어.

"누가 스위치 좀! 퉤퉤퉤!"

레니가 번개처럼 스위치로 달려갔지.

딸깍!

순간, 공연장이 환하게 밝아졌어.

"어…… 피에로가 어디 갔지?"

무대 한가운데에 있어야 할 피에로가 사라졌던 거야.

"눈 깜짝할 사이에 없어졌어요!"

레니가 눈을 부릅뜨며 두리번거렸지.

관객들도 웅성웅성, 단장도 덜덜, 셜롯은 허둥지둥.

"밖으로 도망쳤나 봐요!"

"어서 따라가자!"

다들 우르르 출구 쪽으로 몰려가기 시작했어.

"잠깐만요!"

다판다가 주머니를 뒤적였지.

레니가 다판다의 소매를 붙잡고 말했어.

"탐정님, 지금 햄버거 찾을 때가 아니에요! 범인이 도망친다고요!"

"걱정 마. 진짜 범인은…… 아직 여기 있어."

쓱, 다판다가 꺼낸 건 작은 물병이었어.

다판다는 무대 벽 쪽으로 성큼성큼 걸어가 물을 확 뿌렸지. 그러자 까만 벽이 서서히 씻겨 내려갔어. 그리고 그 속에서 몸 전체에 검은 페인트를 뒤집어쓴 피에로가 드러났지!

"저기 있다! 잡아라!"

셜롯 형사가 퉤퉤퉤 침을 튀기며 달려갔고, 놀란 피에로는 "으악!" 소리치며 공주 쪽으로 돌진했어.

"조심하세요!"

레니가 외쳤지만, 피에로는 마술사 쇼어와 공주를 밀치며 도망쳤지.

휙!

다판다가 불룩 나온 배로 그네를 밀었고, 알록이 그네를 재빨리 붙잡았어.

"슝—!"

그네를 타고 하늘로 날아오른 알록은 피에로 머리 위로 퉁! 하고 떨어졌지.

뒤이어, 다판다가 그네를 타고 위잉! 하고 날아가 퍽! 피에로를 덮쳐 버렸어.

"으악! 숨 막혀!"

피에로가 땅바닥에 납작 엎어지며 외쳤고, 셜롯 형사는 씩 웃으며 수갑을 철컥 채웠지.

"퉤! 범인은 체포됐습니다!"

레니는 고개를 갸웃하며 물었어.

"그런데 탐정님, 필리 씨가 맡았다는 버터 냄새는 뭐였어요? 알록한테서 났다면서요."

다판다는 빙긋 웃으며 어깨를 으쓱했어.

"아, 그건 필리 씨가 변비 때문에 냄새 구분이 좀 흐렸

던 거야. 아무리 후각이 좋은 사냥개 출신이지만 감기에 걸리면 정확하게 냄새를 구분하긴 어렵지. 게다가 여기 화장실 냄새는 폭탄급이거든. 냄새가 아니라 혼이 나갔을걸?"

레니가 싱긋 웃으며 대꾸했지.

"아하, 후각도 항상 맞는 건 아니네요? 역시 믿을 건 관찰력이야!"

레니가 눈을 반짝였어.

피에로는 셜롯 형사가 뱉은 침으로 범벅이 된 채 붙잡혀 갔어.

공주의 잃어버렸던 에메랄드 목걸이는 무사히 돌아왔고, 멈춰 섰던 서커스 공연도 다시 이어졌어.

레니는 속으로 생각했지.

'진짜 마법보다 멋진 건 탐정의 추리일지도 몰라!'

다판다 탐정의 과학 퀴즈

Q 다판다는 필리 씨가 냄새를 잘못 맡았다는 것을 어떻게 알아냈을까?

A 필리 씨는 감기에다 변비까지 걸려 있었거든. 감기로 코가 말라 있고, 화장실 냄새가 너무 지독해서 코가 피로해졌을 거야. 피로해진 코는 냄새를 잘 맡지 못하거든. 그 상태에선 무

슨 냄새든 착각하기 딱 좋지!

개는 코가 촉촉할 때 냄새를 더 잘 맡을 수 있어. 냄새 성분은 공기 중을 떠다니다가 코에 붙는데, 코가 마르면 이 냄새 분자들이 달라붙기 어렵거든. 그래서 감기나 몸이 안 좋을 때는 후각도 제대로 작동하지 않아. 반대로 코에 물기가 너무 많아도 냄새를 구분하기 힘들어. 개에게 코는 아주 중요한 감각 기관이자 급소이기 때문에 절대 세게 누르거나 때리면 안 돼.

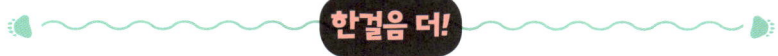

★ 재채기는 왜 할까?

코는 먼지나 세균 같은 이물질이 안으로 들어오는 걸 바로 알아차린다. 재채기는 이런 이물질을 없애기 위해서다. 코를 통해 공기를 한꺼번에 많이 내보내면서 먼지도 같이 털어내는 것이다.

코안에는 코털이 수북이 나 있다. 코털은 공기 속에 있는 먼지 알갱이를 거르는 필터 역할을 하고, 미끈한 점액이 묻어 있어 먼지를 모두 잡아둔다. 콧속 위쪽에는 냄새를 맡는 후각 세포가 있어서 공기를 들이마시면 후각 세포가 후각 신경을 통해 냄새를 뇌로 전달한다.

4
서커스단의 도둑을 잡아라!

"자, 자! 100년 전통, 전설의 보름달 서커스단! 이제 다시 공연을 시작하겠습니다!"

반달 단장이 마이크를 잡고 콧수염을 삐쭉 세웠어.

관객들은 "어휴, 다 끝난 줄 알았잖아!" 하며 부랴부랴 자리로 돌아갔지.

레니도 손뼉을 치며 중얼거렸어.

"휴, 다행이다. 목걸이 사건 때문에 공연이 망하면 어

쩌나 했는데!"

그때 우당탕! 쿵쿵! 웬 난데없는 소리에 모두 고개를 획 돌렸지.

셜롯 형사가 두 팔을 번쩍 들고 무대 뒤에서 튀어나온 거야.

"아하하하! 놀라셨죠? 살아 있는 법의 수호자 셜롯 형사입니다. 퉤!"

셜롯 형사는 수줍은 척 뒷머리를 긁적이며 객석에 털썩 앉았지.

반달 단장이 마이크를 다시 잡았어.

"지금부터는 두 눈이 휘둥그레! 입이 쩍! 벌어질, 놀라운 동물 쇼입니다!"

불이 번쩍! 음악이 댕댕댕~ 울리자 새까만 털의 원숭이, 이빨이 뾰족한 악어, 위풍당당 코끼리가 무대 위로 등장했어.

"소개합니다, 동물 조련사 애니!"

암사자 애니가 채찍을 휘두르며 외쳤어.

"자, 얘들아! 오늘도 깜짝 놀랄 묘기를 보여 주자!"

"우끼끼~!"

원숭이는 빙글빙글 무대를 돌며 손뼉을 쳤고, 앞구르기 뒤구르기 공중제비까지 무대를 누볐지.

하지만 악어는 눈만 껌벅이고, 코끼리는 콧바람만 '푸우' 내쉬고 가만히 서 있었어.

심지어 애니가 채찍을 휘둘러도 악어는 하품, 코끼리는 뒷걸음만 치지 뭐야.

"이건 동물 쇼가 아니라, 원숭이 개인기 잔치잖아요."

레니가 뾰로통해진 입술을 내밀었어.

"응, 다른 애들은 공연할 마음이 전혀 없어 보이네."

다판다는 햄버거를 우적우적 씹으며 말했지.

관객들도 슬슬 지루해지기 시작했어.

"하암~"

레니가 드디어 참았던 하품을 했고, 공연장은 점점 조

용해졌어.

그때였어!

삐이이이익—!

스피커에서 날카로운 피리 소리와 함께 음악이 뚝 멈췄고, 어디선가 묘하게 들떠 있는, 마치 헬륨 풍선을 마신 것 같은 목소리가 울려 퍼졌어.

"아, 아! 잘 들리나? 여기 공연장의 모든 문은 막혔다! 그리고 공연장 안에 폭죽을 숨겨 놨지. 폭죽이 하나씩 터질 때마다 우후후, 이곳은 지독한 연기로 가득 차게 될 거야!"

"윽, 뭐야 저 목소리는?"

관객들이 술렁이기 시작했지.

"무슨 말인지 못 알아듣나 보군. 그럼, 맛보기로 하나 터트려 주지."

펑—!

무대 앞에서 불꽃이 튀자, 알록달록 꽃가루가 하늘로 터져 나왔어.

향긋할 줄 알았던 꽃가루는 코를 찌를 만큼 지독했고, 곧이어 자욱한 연기까지 퍼졌지!

"콜록! 콜록, 이건 무슨 향이야, 양파 껍질을 구운 건

가요?"

레니가 기침하며 눈물 찔끔, 콧물 찔끔거렸고, 관객석도 아수라장이 됐어.

"으악, 눈 따가워!"

"밖으로 나가요!"

동물 관객들은 눈을 비비며 출구 쪽으로 우르르 몰려갔지.

그 순간, 이상한 목소리가 스피커를 타고 울려 퍼졌어.

"모두 꼼짝 마! 한 명이라도 움직이면, 다음 폭죽은 더 크고 더 독할 것이다. 빵빵빵!"

움직이던 코끼리도 멈췄고, 악어는 입을 쩍 벌린 채 그대로 얼어붙었어.

관객들도 모두 조각상처럼 굳어 버렸지.

레니와 셜롯 형사는 천천히 눈알만 굴리며 다판다를 쳐다보았어.

'빨리 해결해 주세요! 다판다 탐정님, 제발!'

다판다는 머리를 긁적이며 중얼거렸어.

"이거 원. 햄버거 하나만 더 있었어도 생각이 잘 굴러갈 텐데."

셜롯 형사가 재채기를 꾹 참으며 고래고래 외쳤어.

"이봐, 수상한 목소리 씨! 도대체 당신의 목적이 뭐요? 움직이지 말랬지, 질문하지 말라고는 안 했잖아?"

목소리는 삐걱거리는 소리로 말했어.

"좋아. 질문은 허용하지. 내가 원하는 건 단 하나! 돈,

보석, 귀중품! 앞에 놓인 자루 보이지? 거기 다 넣어."

"흥! 움직이지 말라면서 어떻게 넣으라는 거야?"

셜롯 형사가 코를 씰룩이며 물었어.

"하하. 그걸 내가 생각 안 했을까 봐? 어이, 거기 원숭이! 출동!"

목소리가 외치자 원숭이가 통통통 무대 앞으로 걸어 나왔지.

"끼끼익~"

원숭이는 자루를 질질 끌고 객석 앞으로 다가왔어. 관객들은 겁에 질려, 시계며 목걸이, 귀걸이, 반지까지 덜덜 떨며 내밀었지.

"좋아, 원숭이. 그 자루를 분장실 문 앞에 놓아!"

"키잉!"

원숭이는 고개를 끄덕이며 자루를 낑낑 끌고 무대 뒤로 사라졌어. 무대에서는 아무 소리도 들리지 않았고, 관객들은 손가락 하나 까딱 못한 채 숨을 죽였어.

그때 레니가 소곤소곤 말했지.

"저 다판다 탐정님, 방금 제가 발가락을 살짝 움직였는데 아무 일도 없었어요."

"나도 햄버거 종이 살짝 찢었는데 조용하네."

다판다도 중얼거렸어.

"그렇다는 건…… 우리 움직임을 실시간으로 감시하지는 못한다는 거예요!"

"아니면 범인이 이미 자루를 갖고 공연장 밖으로 도망쳤거나!"

다판다는 벌떡 일어나 무대 뒤로 성큼성큼 걸어갔어.

"안 돼요! 제발 움직이지 마, 아악!"

겁에 질린 셜롯 형사가 두 팔을 퍼덕이며 소리쳤지만, 다판다는 이미 무대 한가운데 서 있었지.

레니도 잽싸게 따라 나갔어.

"자루가 없어졌는지 확인해 봐야죠!"

다판다와 레니는 분장실 앞으로 달려갔어. 곧 레니가

외쳤지.

"헉! 자루가 감쪽같이 사라졌어요!"

"예상대로야."

다판다가 중얼거리며, 분장실 문을 유심히 살폈어.

그의 눈이 번쩍!

문 모서리에 뭔가 있었지.

보송보송한 노란 털 한 뭉치!

다판다가 털을 잡아 올리며 이마를 탁 쳤어.

"흠, 이건!"

하지만 말을 끝내기도 전에 셜롯 형사가 다판다의 입을 손으로 와락 틀어막았어.

"내가! 내가 말하겠소! 그건 분명 원숭이의 털이오!"

"아니, 왜 탐정님의 말을 가로채고 그러세요?"

레니가 눈을 찌푸렸어. 그러나 셜롯 형사는 계속 소리쳤지.

"이건 정밀 수사로 밝혀낸 냄새 추적의 결과입니다!

원숭이가 이 모든 걸 꾸몄다고요!"

"잠깐만요."

레니가 한쪽 눈썹을 치켜올렸지.

"원숭이가 폭탄을 설치하고, 협박 방송까지 했다고요? 목소리는요? 헬륨 풍선이라도 삼켰을까요?"

셜롯 형사는 땀이 삐질, 입을 꾹 닫았어.

그때였어.

"쉿! 지금 무슨 소리 안 들렸어요?"

다판다가 귀를 쫑긋 세웠어.

분장실 안쪽에서 희미한 신음이 들려왔지. 셋은 재빨리 안으로 들어갔어. 공중곡예사 알록이 바닥에 쓰러져 있었지!

"알록! 괜찮아요? 정신 차려요!"

레니가 부축하며 물었지.

알록은 힘겹게 속삭였어.

"범인은…… 노란 털……"

그리고 그대로 털썩 고꾸라졌어.

"보름달 서커스단에서 노란 털을 가진 단원은 세 명입니다."

다판다가 주위를 둘러보며 나직이 말했어.

공중곡예사 달록, 마술사 쇼어 그리고 동물 조련사 애니. 다판다의 시선이 하나씩 닿을 때마다, 셋은 "흡!" 하고 얼어붙었지.

셋은 서로를 경계하듯 눈을 흘겼어.

"누굴 의심하는 거죠?"

"나는 아니야."

"눈으로만 범인을 찾는 건 바보들이나 하는 짓이지."

각자 불만을 꾹꾹 눌러 담은 얼굴이었어.

이제, 다판다의 추리가 시작될 차례야!

달록은 앞머리를 쓸어 넘기며 투덜거렸어.

"내 털 색깔이 노랗다고 범인이라는 거예요? 말도 안돼요. 난 알록이랑 같은 곡예 팀이에요. 게다가 쌍둥이 남매라고요! 내가 오빠를 다치게 했을 리 없잖아요."

쇼어는 코를 훌쩍이며 재채기를 연달아 터트렸어.

"에, 에에취! 하, 하하…… 만약 제가 범인이라면 자루

쯤은 마술로 증발시켰겠죠. 훨씬 멋지게! 하지만 전 원숭이라면 질색이에요. 아주 심각한 원숭이 털 알레르기거든요! 아아, 털 냄새만 맡아도 재채기 백 번! 에취!"

애니는 눈을 껌뻑이며 단호히 말했어.
"제가 범인이라고요? 저, 오늘이 서커스 첫날이에요. 단장이 급하게 부탁해서 무대에 오른 거라고요. 목소리가 들릴 때 전 무대에 서 있었어요. 원숭이에게 자루를 들라고 명령할 틈도 없었다고요!"

셋의 이야기를 다 들은 다판다는 턱을 긁적이며 깊은 생각에 잠겼어.
레니는 주위를 서성이며 중얼거렸지.
"셋 다 뭔가 수상한데, 이상하게도 다 말이 되네."

셜롯 형사는 혀를 끌끌 차며 부채질을 했어.

"내 코로는 범인의 냄새가 안 나는데 말이지. 분명 어딘가 있을 텐데."

그때 관객석에서 소란이 일어났어.

"내 귀걸이 돌려줘요!"

"내 지갑도 사라졌다고요!"

반달 단장은 진땀을 흘리며 울상이 되었어.

"아이고, 이게 다 내가 동물 쇼를 넣자고 해서 벌어진 일인가?"

다판다는 주머니를 뒤적이더니 익숙하게 햄버거를 꺼냈어.

그걸 본 반달 단장이 번쩍 눈을 떴지.

"혹시…… 그 햄버거를 한 번에 몇 개나 먹을 수 있습니까?"

"세어 보진 않았지만 백 개? 아니, 이백 개?"

"그렇다면!"

반달 단장이 두 손을 모으며 외쳤어.

"당신이 무대에 서 주세요! 지금이라도 공연을 이어가야 서커스단이 망하지 않아요!"

"에, 제가요?"

다판다는 햄버거를 한 입 베어 물며 고개를 갸웃했어.

"공연은 무리입니다."

셜롯 형사가 불쑥 끼어들었지.

"하지만 추리 쇼라면 가능하죠! 제가 범인을 밝혀내 보겠습니다!"

"잠깐!"

다판다가 천천히 입을 닦으며 말했어.

"그 전에…… 햄버거 쇼부터 하죠."

그 말에 셜롯 형사는 벌어진 입을 다물지 못했지.

다판다는 무대 중앙으로 당당히 걸어 나가서 햄버거를 와구와구 먹기 시작했어.

"우우우! 이런 공연 필요 없어!"

관객들이 처음에는 야유를 보냈지만, 곧 놀라움의 속삭임이 터져 나왔지.
"헉, 벌써 스무 개째야!"
"저 뱃속에 도대체 뭐가 들어 있는 거지?"
다판다는 마지막 햄버거를 꿀꺽 삼키고, 탄산음료를 벌컥 마시더니 "끄으으윽—!" 우렁찬 트림과 함께 무대를 손가락으로 가리켰어.
"범인은 노란 털을 가진 셋 중에 있습니

다. 그리고 진짜 범인은……"

다판다의 손끝이 누군가를 향해 천천히 멈췄어.

"당신입니다!"

그 순간!

쉬잉—

희뿌연 연기가 무대 위로 퍼져 나갔지.

"내, 내가 범인이라고요?"

애니가 고개를 홱 돌리며 소리쳤어.

"도대체 무슨 근거로 그런 말을 하는 거죠? 이봐요, 다판다 씨! 덩치만 크면 다예요? 당장 내가 범인이란 말 취소해요. 안 그러면 후회할 줄 아세요!"

"천만에요. 제가 단지 덩치만 큰 판다라면…… 벌써 멸종했겠죠. 근데요, 저는 말 잘하죠, 눈썰미 있죠, 뭐든 잘 먹죠, 위도 튼튼하죠, 그러니 살아남을 수밖에 없잖아요?"

셜롯 형사와 관객들이 동시에 무릎을 '탁' 하고 쳤어.

셜롯 형사는 너무 세게 쳤는지 "아야, 내 무릎 관절!" 하고 외쳤고, 옆 관객은 "아까부터 다섯 번은 치신 거 같은데요?" 하고 속삭였지.

"쓰러진 알록이 분명히 말했죠. 범인은 노란 털을 가졌다고요!"

다판다의 말을 듣고 애니가 버럭 외쳤지.

"그래서요? 알록이 내 이름을 댄 것도 아니잖아요!"

"바로 그게 포인트죠."

다판다의 눈썹이 슬쩍 올라갔어.

"만약 범인이 서커스단 단원이라면, 알록이 이름을 몰랐을 리 없어요. 그런데 '노란 털'이라고만 했다는 건 최근에 나타난, 즉 당신처럼 낯선 누군가라는 뜻입니다."

"아하!"

셜롯 형사와 관객들이 동시에 무릎을 '탁' 하고 쳤어.

"그리고!"

다판다가 말을 이었지.

"그 원숭이 말입니다. 원숭이 쇼라기엔 이상하지 않았나요? 오직 원숭이만 당신의 말을 들었죠. 다른 동물들은 시큰둥했어요."

"그, 그건……"

애니가 눈을 동그랗게 떴어.

"원숭이는 훈련된 동물이 아니라, 털옷을 입은 고양이였기 때문입니다."

다판다가 손가락으로 원숭이를 가리켰어.

"그건 말도 안 되는 얘기예요!"

"그럼 한 번 확인해 볼까요?"

다판다는 익숙한 손놀림으로 주머니를 뒤적이더니 양초와 라이터를 꺼내 양초에 불을 붙였지.

"갑자기 촛불은 왜?"

다판다가 애니의 털 앞으로 촛불을 가까이 가져갔어.

"이게 무슨 짓이에요! 털이 몽땅 탈 뻔했잖아요!"

애니가 버럭 화를 냈어. 그때 셜롯 형사가 코를 킁킁

거렸어.

"삼겹살을 굽는 듯 고소한 냄새가 나네?"

셜롯 형사는 눈이 반짝이며 "혹시 점심은 여기서 해결할 수 있나?" 하고 진지하게 중얼거렸어.

"다들 아시죠? 진짜 털은 불에 닿으면 고소한 냄새가 나요."

다판다의 말에 셜롯 형사가 군침을 삼키며 고개를 끄덕였어.

"그런데 이건 다릅니다."

다판다는 아까 분장실 문 모서리에서 발견한 '원숭이의 털'을 불에 가까이 댔어. 그러자 셜롯 형사가 갑자기 코를 막으며 외쳤지.

"으윽! 이건 고소한 게 아니라 고약하군요. 딱 '장마철에 덜 마른 퀴퀴한 수건' 냄새!"

"정말로 추리 쇼 같잖아!"

애니는 말없이 뒷걸음질을 치다 발을 헛디뎠고, 그 순간 레니가 벌떡 일어나 외쳤어.

"탐정님! 애니가 도망치려 해요!"

"그럴 줄 알았지."

다판다는 주머니에서 대왕 마시멜로를 꺼내더니 애니의 발 앞에 툭 던졌어.

"우악!"

미끄덩! 애니는 마시멜로에 미끄러져 그대로 넘어졌고, 셜롯 형사가 날쌔게 수갑을 채웠지.

"이번 사건의 키워드는 '위장'이었군요."

다판다가 마지막으로 한마디했어.

"하지만 진실은, 아무리 감춰도 햄버거 냄새처럼 새어 나오게 마련이죠."

레니는 얼른 주머니에서 물티슈를 꺼내 들었어.

"잠깐만요, 원숭이 씨. 얼굴 좀 닦을게요."

쓱쓱, 물티슈로 털을 닦자, 까만색 고양이 털이 스르르 드러났지 뭐야!

고양이로 밝혀진 '원숭이'는 고개를 푹 숙였어. 마치 모래라도 파고 들어가고 싶은 표정이었지.

그 모습을 본 애니는 더 이상 시치미를 뗄 수 없었어.

"그래요, 맞아요."

애니는 결국 자포자기한 듯 고개를 푹 숙였지.

"우린 동물 조련사도, 서커스 단원도 아니에요. 그냥…… 변장을 한 좀도둑이에요."

관객석이 술렁였어. 반달 단장은 헉! 하며 땀을 삐질삐질 흘렸지.

"그럼, 왜 서커스단에 온 거죠?"

레니가 물었어.

"단장이 갑자기 동물 쇼가 필요하다며 급히 찾는 걸 보고 기회다 싶었죠. 그래서 원숭이탈을 쓰고 슬쩍 들어온 거예요."

애니가 손수건으로 땀을 닦으며 털어놨어.

그때 셜롯 형사가 고개를 갸웃했어.

"잠깐, 근데 이상하잖아요. 그 목소리, 협박하던 그 이상한 목소리는 누가 낸 거죠? 설마 고양이가 직접 낸 건 아니겠죠?"

다판다가 손을 휘휘 저으며 말했어.

"그건 간단해요. 녹음기죠. 녹음된 음성만 틀어도 속이는 건 식은 죽 먹기라고요."

"맞아요."

애니와 까만 고양이는 더는 숨기지 않고 고개를 끄덕였어.

다판다는 셜롯 형사에게 애니와 까만 고양이의 주머니를 뒤져 보라고 했어. 다판다가 추리한 대로 셜롯 형사는 애니의 주머니에서 조그만 녹음기를 찾아냈지. 녹음기 안에 범인의 목소리가 녹음되어 있었어.

다판다는 녹음기를 번쩍 들며 말했어.

"진실은 말이야, 목소리에도 남더라고. 아무리 꼬리를 감춰도 목소리는 못 감추지. 애니 씨, 다음부턴 범행 끝나면 녹음기부터 숨겨 두는 게 어때요?"

5
마법 옷장의 비밀

"자, 자! 100년 전통의 환상적인 보름달 서커스단! 자, 다시 한번 마법 같은 무대를 펼쳐 보이겠습니다!"

반달 단장이 부서진 무대 앞에서 목청을 돋우었어. 하지만 관객석은 이미 횅했지.

"관객이…… 우리 셋 빼고 딱 한 명 남았네요."

레니가 두리번거리며 말했어.

마지막까지 남아 있던 한 사람은 바로 엘리자베스 공

주였어.

공주는 아무 일도 없었던 듯 꼿꼿이 앉아 무대만 뚫어져라 바라봤지.

레니는 속으로 생각했어.

'진짜 진짜 서커스를 좋아하시는구나.'

"공연, 멈추실 건가요?"

레니가 조심스럽게 물었어.

"무슨 소리! 관객이 단 한 명이라도 있으면 공연은 계속돼야 해!"

반달 단장이 손에 쥔 모자를 꽉 움켜쥐었지.

"다음 순서는! 마술사 쇼어의 전설적인 무대입니다! 모두 박수!"

단장의 목소리가 무대를 울리자, 하얀 망토를 펄럭이며 마술사 쇼어가 등장했어.

그 뒤에는 고풍스러운 커다란 옷장이 덜컹덜컹 굴러 나왔지.

"오래 기다리셨습니다. 이번 마술은 사라지는 옷장입니다. 이 옷장에 들어간 동물은 마치 바람처럼 감쪽같이 사라집니다!"

쇼어는 레니, 다판다, 셜롯 형사 그리고 공주를 한 명씩 짚어 보았어.

"자, 누구든 용기 있는 분이 있다면 이 옷장에 들어가 보시겠습니까?"

그 말이 떨어지자 레니, 다판다, 셜롯 형사 그리고 공주가 동시에 손을 번쩍 들었어.

"좋습니다. 공주님, 이쪽으로 오세요."

"잠깐! 나는 왜 안 되는 거요?"

다판다가 뾰로통해 외쳤지.

"음, 솔직히 말하자면, 탐정님은 너무 커서 옷장 문이 안 닫힐 것 같네요."

"흥. 몸집 크다고 차별하긴."

다판다가 고개를 획 돌리자, 셜롯 형사가 팔을 번쩍

들었어.

"그럼 저요! 제가 들어가면 옷장이 놀라서 자기가 사라져 버릴지도 몰라요!"

"죄송하지만, 형사님은 성격이 급해서 사방이 막힌 공간에는 안 어울릴 듯해요."

레니도 팔을 번쩍 들며 말했지.

"저요, 저요! 저는 작아서 어디든 쏙 들어가요!"

"음, 그게 더 문제죠. 너무 작아서 다시 못 꺼낼까 봐 걱정이에요."

레니가 입을 쭉 내밀었어.

쇼어는 재빠르게 공주의 손을 잡고 옷장 쪽으로 안내했지.

"자, 공주님. 들어가 주세요."

그러고는 철컥! 문을 닫았어.

"이 옷장의 문은 아랫부분이 뚫려 있습니다! 덕분에 누가 들어가 있는지 발을 보면 알 수 있죠!"

쇼어가 으쓱하며 말했어.

과연 옷장 아래 틈새로 엘리자베스 공주의 반짝이는 구두가 보였지.

"이제 주문을 외우면 공주가 사라집니다! 자, 다 함께, 수리수리 마수리 아부라 다~ 사라져라, 얍!"

슉!

쇼어가 옷장 문을 활짝 열어젖혔어. 그런데 정말 공주는 사라지고 없었어.

그 자리에 남은 건 반짝이는 구두 두 짝뿐.

"우아아악!"

레니의 눈이 휘둥그레졌고, 셜롯 형사는 마른침을 꿀꺽 삼켰어.

다판다는 주머니에서 돋보기를 꺼내려다 말았지.

"어, 어딨어요? 방금까지 있었잖아요!"

레니가 눈을 휘둥그레 치켜떴어.

"그게 바로 마술이지요."

쇼어는 어깨를 으쓱했어. 얼굴에는 자신만만한 미소가 떠 있었지.

"그럼 이번에는 다시 불러오겠습니다! 다 함께, 수리수리 마수리 아부라 다~ 돌아와라, 얍!"

쾅!

옷장 문이 다시 열렸어.

텅.

"어, 어라?"

쇼어의 웃음이 멈칫했어.

"흠, 주문이 살짝 틀렸군요. 다시 한번! 아부라 다~ 돌아오라, 얍! 얍! 얍!"

하지만 옷장 안은 여전히 텅 비어 있었지.

이마에 식은땀을 줄줄 흘리던 쇼어는 슬며시 뒷걸음질을 쳤어.

"이, 이건 연습 때랑 달라요. 무슨 실수가…… 잠깐만요!"

"잠깐만요는 무슨!"

셜롯 형사가 벌떡 일어나 외쳤어.

"사건 발생! 공주가 증발했다!"

레니도 덜컥 겁이 나서 손을 꼭 쥐었고, 다판다는 손수건을 꺼내 코를 팽, 하고 풀었지.

"흐음, 마법이라기에는 어딘가 수상해."

모두가 부리나케 공연장 이곳저곳을 샅샅이 뒤졌지만, 엘리자베스 공주는 털 한 올도 보이지 않았어. 뒤늦

게 나타난 경호원들도 허둥지둥 뛰어다녔지만 아무 소득이 없었지.

"내 생각엔 저 얼음 마술사가 숨긴 게 틀림없어."

셜롯 형사가 불꽃 눈빛으로 쇼어를 노려봤어.

쇼어는 당황한 기색을 감추지 못하고 슬금슬금 뒷걸음질 쳤어.

"그럴 리가요! 전 공주님을…… 아니, 아무튼 그런 나쁜 짓 안 해요!"

"그럼, 경찰서로 가서 조사를 받죠!"

셜롯 형사가 수갑을 번쩍 들었고, 쇼어는 울먹이며 양손을 든 채 벌벌 떨었지.

그때 다판다의 커다란 머리가 스윽 끼어들었어.

"제가 몇 가지 질문 좀 해도 될까요?"

"뭐든요! 전 결백하다고요! 이건 마술일 뿐이라고요!"

쇼어는 바들바들 떨며 소리쳤어.

다판다는 느릿하게 주머니에서 초록색 대나무 잎 한 줌을 꺼냈지.

"이건 그냥 대나무 잎처럼 보이지만, 사실은 특수 제작된 판다형 거짓말 탐지기랍니다."

"에이, 설마요."

쇼어가 눈을 동그랗게 떴지만, 입꼬리는 자꾸 떨렸어.

"두고 보죠."

다판다는 대나무 잎 하나를 집어 들더니 쇼어의 머리 위에 햄버거와 함께 '톡' 얹었어.

"이제부터 당신이 대답할 때 이 잎사귀가 파르르 떨리

면, 거짓말, 안 떨리면 진실입니다."

"그걸…… 어떻게 알아요?"

"판다형 거짓말 탐지기라니까요."

다판다는 진지하게 팔짱을 낀 채 첫 번째 질문을 했어.

"공주님을 마술 도우미로 고른 건, 처음부터 계획이었나요?"

"아, 아뇨. 정말 아니에요."

잎사귀는 떨리지 않았어.

"공주님에게 이 마술의 비밀을 설명한 적 있나요?"

"그, 그런 일은 절대 없어요."

쇼어의 말끝에 잠깐 대나무 잎이 파르르 흔들렸어. 레니와 셜롯, 반달 단장은 동시에 "어?" 하고 잎사귀를 뚫어지게 바라봤지.

"그럼, 이제 이거 치워도 되나요……?"

쇼어는 이마에서 땀이 줄줄 흘렀어.

다판다는 말 없이 대나무 잎을 입으로 가져가 '와삭!'

씹었어.

"우걱우걱. 맛있군."

"에엑, 지금 뭐 하시는 거예요? 거짓말 탐지기를 먹어 버리다니요!"

"걱정 마세요. 이건 그냥 간식용 잎사귀였거든요. 진짜 탐지는 제가 했죠."

"네?"

레니가 눈을 동그랗게 떴어.

"당신은 아까부터 눈꺼풀이 미세하게 떨리고 있었어요. 거짓말할 때 흔히 그런 반응이 나타나죠. 게다가 이마에서는 땀이 뻘뻘! 몸은 미세하게 떨리고…… 결국 잎사귀도 따라 떨렸죠."

다판다가 쇼어를 뚫어지게 바라보며 말을 계속했어.

"결국 당신은 진실을 감추고 있었어요. 쇼어 씨, 인정하십니까?"

쇼어는 입술을 달달 떨며 말했어.

"아아, 죄송해요!"

"맙소사, 겨우 대나무 잎으로 진실을 알아내다니!"

셜롯 형사는 입을 다물지 못했어.

다판다는 공주가 들어갔던 옷장을 유심히 바라보더니 몸을 푹 집어넣었어. 그러자 옷장의 뒷면이 '푸걱' 하고 부풀어 오를 정도로 튀어나왔지.

"음, 으음…… 으아? 으응? 아! 오호!"

다판다는 옷장 안에서 혼잣말을 줄줄이 내뱉었어. 레니는 옷장 밖에서 팔짱을 끼고 물었지.

"탐정님, 설마 지금 옷 고르는 건 아니죠?"

그 말에 다판다가 엉덩이를 '퉁' 내밀며 몸을 반쯤 빼꼼히 드러냈어.

"드디어 알았어! 레니, 마술의 비밀은 바로…… 옷장 뒷문!"

"뒷문이요?"

"그래. 공주는 옷장 안에 들어가 신발을 슬쩍 벗고, 이

뒷문을 열고 나가 버린 거야. 무대 뒤쪽은 객석에서 안 보이니까 관객들은 공주가 정말 사라진 줄 알았겠지!"

"꺄악! 그럴 수가…….."

레니가 입을 틀어막았고, 셜롯 형사는 "흥, 내 눈보다 빨랐군." 하고 중얼댔지.

아니나 다를까, 다판다가 뒷면을 쿡 찔러보자 작은 문이 '끼익' 하고 열렸어.

"봐, 열리잖아. 공주는 이 문을 지나서 어딘가로 빠져나간 거야. 서커스단 무대에는 비밀 통로가 있을 가능성이 커."

"진짜요? 흠, 그럼 얼른 찾아봐요!"

셋은 무대를 이 잡듯 뒤지기 시작했어. 그때 레니가 무언가 반짝이는 걸 발견했지.

"어, 이게 뭐지?"

작은 손잡이였어. 레니가 '슥' 하고 당기자 무대 바닥이 '철커덕' 하며 열리더니, 숨겨진 공간이 드러났어!

"윽!"

그 안에는 엘리자베스 공주가 있었어! 몸을 움츠린 채 갈아입을 옷과 변장 도구를 들고 말이야.

"공주님! 대체 여기서 뭘 하시는 거예요?"

다판다가 깜짝 놀라 외쳤고, 공주는 당황한 눈빛으로 고개를 떨궜어.

"나, 나는……."

"사실 공주님과 저는 사랑하는 사이입니다."

마술사 쇼어가 무릎을 꿇었어. 눈가에는 금방이라도 뚝뚝 떨어질 눈물이 맺혀 있었지.

"우리는 진심으로 서로를 사랑했어요. 하지만 신분의 벽은 너무 높았어요."

"그래서…… 도망치기로 결심했어요."

공주는 고개를 살짝 숙이며 덧붙였어. 그 눈빛은 망설임보다는, 단단한 결심이 담겨 있었지.

"공주님, 그 반짝이는 목걸이, 설마 가짜 아닌가요?"

다판다가 불쑥 물었어. 쇼어가 '헉' 하고 숨을 들이켰고, 공주는 눈을 동그랗게 떴지.

"그걸 어떻게 아셨어요?"

"진짜 에메랄드는 그렇게 눈이 시리게 빛나지 않아요. 너무 반짝이는 건 가짜일 가능성이 크거든요."

공주는 살짝 쓴웃음을 지으며 고개를 끄덕였어.

"맞아요. 사람들은 제가 화려하고 행복하게 산다고 생

각하지만, 진짜 제 삶은 조명이 꺼진 무대 뒤편처럼 외롭고 숨이 막혔어요."

그 순간, 공연장에는 잠시 정적이 흘렀어.

"어서 도망가세요. 우리는…… 못 본 걸로 할게요."

다판다가 침묵을 깨고 말했지. 셜롯 형사는 헛기침을 콜록콜록하며 머뭇거렸지만, 결국 고개를 끄덕였어.

"셜롯 형사님, 괜찮으시겠어요?"

"음, 뭐. 정의도 좋지만 사랑도 필요하니까요. 단, 나중에 제 덕분이었다는 건 꼭 기억해 주세요."

"고마워요, 여러분!"

공주와 쇼어는 손을 꼭 잡고 비밀 통로 안으로 사라졌어. 관객은 없었지만, 그 순간 무대 위에는 가장 진실된 박수가 퍼지는 듯했지.

공연장 정리를 마친 다판다와 레니는 트럭을 향해 걸어갔어.

"이제 진짜 끝이네."

다판다가 먼 하늘을 바라보며 중얼거렸지. 그때 반달 단장이 헐레벌떡 다가왔어.

"잠깐, 다판다! 혹시 우리 서커스단에서 일할 생각은 없나요? 판다가 주인공인 쇼라면 대히트가 확실해!"

하지만 다판다는 미소 지으며 고개를 저었어.

"아뇨, 전 떠돌아다니는 게 좋아요. 저는 만물 트럭 주인이거든요."

"이런. 판다들은 하나같이 거절하는군요."

"방금 뭐라고 하셨어요?"

다판다의 눈이 번쩍 떠졌어.

"하나같이 제안을 거절한다고요."

"그 앞에요. '판다들은'이라고 했죠?"

"어, 예전에 여자 판다가 왔었죠. 이름이…… 아이아이였나?"

그 말을 듣자 다판다는 그대로 굳어 버렸어. 주먹을 꽉 쥐며 떨리는 목소리로 물었어. 아이아이는 다판다가 사랑하는 판다였거든.

"그녀는 지금 어디 있나요?"

"어떤 레서판다들이랑 함께 도래미 성? 아니 도시락 성인가? 뭐, 비슷한 이름이었어요. 그곳으로 간다고 했어요."

"헉! 레서판다라면 설마 우리 부모님?"

다판다와 레니는 동시에 눈을 동그랗게 뜨고 외쳤어.

만물 트럭에 올라탄 두 판다는 동시에 외쳤지.

"사건이 있는 곳에 다판다 만물 트럭이 간다!"

"아이아이 그리고 부모님을 찾아서!"

부릉부릉―.

만물 트럭은 먼지구름을 일으키며 다음 목적지를 향해 출발했어. 어딘가에서 새로운 사건과 오래된 사랑이 기다리고 있을 테니까.

다판다 탐정의 과학 교실

감각 기관의 비밀을 밝혀라!

🐼 눈물은 왜 나는 걸까?

- 양파를 써니 자꾸 눈물이 나요.
- 그건 네 눈을 매운 냄새로부터 보호하기 위한 거야.
- 네?
- 눈물은 기쁠 때나 슬플 때만 나는 거 아니에요?
- 맞아. 그리고 눈을 보호해야 하는 순간에도 눈물이 나지.
- 눈물이 우리 눈을 보호한다고요?
- 그래. 눈물은 먼지나 이물질이 눈에 들어가는 걸 막아 주고, 우리 눈이 건조해지는 것도 막아 준단다.

🦊 헉, 눈물이 나면 콧물도 같이 나오잖아요. 콧물도 눈을 지켜 주기 위해 나오는 건가요?

🐼 아냐. 그건 눈물주머니랑 코눈물관이 연결되어 있어서 그래. 눈물주머니가 꽉 차면 눈물이 코눈물관을 따라 코로 나와서 콧물로 흐르는 거지.

🐼 눈물은 어떤 맛일까?

- 눈물은 맹맹한 맛일 줄 알았는데, 짜군요!
- 맞아. 눈물의 0.9 퍼센트 정도가 소금이야.
- 눈물은 어떤 역할을 하나요?
- 눈물에는 살균 성분과 항균 성분이 들어 있어 박테리아에 의한 감염으로부터 눈을 보호해 준단다.
- 아, 혹시 바닷물은 사람의 눈물로 만들어진 거 아닐까요?
- 하하, 그럴 리가. 바닷물이 짠 건 소금 때문이라고!

코로도 맛을 느낄 수 있다고?

- 맛은 어디로 느끼는 걸까?
- 그야 당연히 혀죠.
- 맞아. 혀로는 단맛, 짠맛, 신맛, 쓴맛을 느낄 수 있지. 그리고 코로도 맛을 느낄 수 있단다.
- 코요? 코는 어떤 맛을 느끼는데요? 알았다, 매운맛이죠?
- 매운맛은 혀가 아니라 입안의 세포들이 느끼는 거야.
- 그럼 코는 어떤 맛을 느껴요?
- 고소한 맛, 비린 맛은 코가 느끼는 거야. 그래서 코가 막히면 음식의 맛을 알기 어렵지.

귀는 왜 항상 차가운 걸까?

- 화상을 입었으면 찬물에 식혀야죠!
- 지금 찬물이 없으니 우리 몸에서 온도가 가장 낮은 귀로 열을 식히는 거야.
- 귀의 온도가 낮다고요?
- 귀의 온도는 우리 몸의 정상 체온보다 낮아. 귀가 우리 몸에서 제일 차가운 곳이지.
- 헉, 그래서 뜨거운 것을 만지면 자기도 모르게 손이 귀로 가는 건가요?
- 그래. 귀가 차가운 건 다른 곳에 비해 실핏줄이 별로 없어

서야. 또 몸의 중심부에 비해 혈액 순환이 덜 활발하기 때문에 상대적으로 온도가 낮지. 게다가 귀는 피하 지방이 거의 없고 대부분 연골로 구성되어 있어서 바깥 온도의 영향을 많이 받아. 그래서 추운 곳에서는 귀가 제일 먼저 시린 거야.

레니의 과학 탐정 일기

월   일

1. 눈물은 슬플 때만 나는 게 아니다. 먼지가 들어오거나, 눈이 마르지 않게 하려고도 눈물이 나온다.
2. 눈물이 많이 나면 콧물도 따라 나오는 이유는, 눈물이 코로 흘러가 콧물처럼 보이는 것이다.
3. 코가 막히면 음식 맛을 잘 못 느낀다. 고소한 맛, 비린 맛은 코가 도와주기 때문이다.

글쓴이 서지원

한양대학교 국문학과를 졸업했어요. 지식과 교양을 유쾌한 입담과 기발한 상상력으로 전하는 이야기꾼이에요. 지금은 어린 시절 꿈인 작가가 되어 하루도 빠짐없이 글을 쓰고 있어요. 서울시 올해의 책, 원주시 올해의 책, 문화체육관광부와 한국도서관협회가 뽑은 우수문학도서 등에 선정되었으며, 현재 초등학교 교과서 집필진으로 활동하고 있어요. 작품집으로는 《어느 날 우리 반에 공룡이 전학 왔다》,《자두의 비밀 일기장》,《한눈에 쏙 세계사 2》,《만렙과 슈렉과 스마트폰》, '호랑이 빵집' 시리즈, '몹시도 수상쩍다' 시리즈, '빨간 내복의 초능력자' 시리즈, '고구마 탐정' 시리즈 등 300여 종이 있어요.

그린이 이종혁

만화와 애니메이션을 전공하고 어린이 학습 만화의 스토리와 일러스트, 만화 작가로도 열심히 활동하고 있어요. 최근에는 인스타그램에 일상툰도 그리고 있답니다. 대표작으로는 《흔한 남매 이무기》,《소맥거핀 일상 만화 2》가 있어요.

③ 사라진 공주

초판 1쇄 발행	2025년 7월 20일
초판 2쇄 발행	2025년 10월 30일

글쓴이	서지원
그린이	이종혁
펴낸이	이혜경
펴낸곳	니케북스
출판등록	2014. 4. 7. | 제 300-2014-102호
주소	서울시 종로구 새문안로 92 광화문 오피시아 1717호
전화	(02)735-9515 | 팩스 (02)6499-9518
전자우편	nikebooks@naver.com
블로그	blog.naver.com/nikebooks
페이스북	facebook.com/nikebooks
인스타그램	(니케북스) @nike_books
	(니케주니어) @nikebooks_junior

ISBN 979-11-94809-06-7 74810
　　　978-89-98062-90-3 74810(세트)

니케주니어는 니케북스의 아동·청소년 브랜드입니다.

책값은 뒤표지에 있습니다.
잘못된 책은 구입한 서점에서 바꿔 드립니다.

어린이제품 안전특별법에 의한 표시사항

제조자명 니케북스　**제조국** 대한민국　**사용연령** 8~13세　**제조년월** 판권에 별도 표기
주소 서울시 종로구 새문안로 92 광화문 오피시아 1717호　**연락처** 02-735-9515
주의사항 책 모서리나 종이에 긁히거나 베이지 않게 조심하세요.